LA
BATAILLE DE WATERLOO,

FRAGMENT HISTORIQUE

LU AU BANQUET DE LA FÊTE D'ORDRE D'HIVER DE LA LOGE
DE LA CLÉMENTE-AMITIÉ,

Orient de Paris, le 16 Janvier 1838,

PAR L.-TH. JUGE,
ALORS SON VÉNÉRABLE.

O∴ DE PARIS.

IMPRIMERIE DU F∴ E.-B. DELANCHY,
FAUBOURG MONTMARTRE, 11.

1839

LA
Bataille de Waterloo,

FRAGMENT HISTORIQUE.

———◆———

Les anciens Romains, quand ils réunissaient leurs amis dans un festin, ne manquaient jamais d'exposer à leur vue des sarcophages, des squelettes humains, et des urnes cinéraires.

Semblables aux anciens Romains, les émules et disciples du vertueux de Rancé ne s'abordent jamais sans se jeter, pour tout salut fraternel, une lugubre exhortation à se préparer sans cesse à mourir.

Comme eux, *j'arrive au banquet fraternel avec des paroles de deuil et de mort, j'apporte pour bouquet à mes frères des squelettes humains et des urnes cinéraires.*

Français, prêtez-moi quelques instants

une oreille attentive ; je vais dire les malheurs de la patrie, je vais rappeler à votre souvenir la bravoure du soldat, la rare intrépidité des chefs. Je vais évoquer de leurs tombeaux et ramener un instant au milieu de vous, couronnées de lauriers et de cyprès, les ombres généreuses des héros que la mort a moissonnés, dans un jour de deuil et de désastres pour notre France, dans un jour qui sera à jamais néfaste pour notre orgueil national, car, après vingt-trois ans de silence, il ne s'est point effacé de mon souvenir le bruit de la mitraille.

Waterloo ! Waterloo ! il tonne encore dans tes campagnes le canon qui vomit la mort.

Onze fois la terre avait parcouru sa course annuelle autour du disque de feu qui éclaire tous les mondes, onze fois Flore et Pomone avaient répandu sur notre globe leurs présents les plus suaves, depuis que le héros qui arracha la France aux horreurs de l'anarchie révolutionnaire avait reçu pour récompense et la pourpre des Césars et la couronne impériale , quand se fit entendre le canon de Waterloo.

La France avait depuis marché de victoire en victoire. L'Europe tout entière contre nous coalisée n'avait compté nos batailles que par ses désastres.

Nous avions vaincu à Austerlitz , à Jéna , à Breslaw , à Eylau , à Dantzick , à Friedland ; le Niémen et Tilsitt avaient reçu notre Empereur victorieux ; Abensberg , Aspern, Eckmull, Essling, Lobau , Wagram, étaient venus grossir la liste de nos victoires vers le nord , tandis que vers le midi nous vainquions encore à Talavera, à Occana, à Saragosse , à Cadix , à Tarragone, à Ciudad-Rodrigo , à Alméida , à Badajoz, à Sagonte, et sous les murs de Salamanque.

Puis, franchissant toute l'Europe, nous étions allés battre les Russes à Smolensk, à Mohilew, à Ostrowno ; nous avions remporté sur eux la mémorable bataille de la Moskowa , et l'antique capitale des czars s'était abîmée sous ses cendres, et notre aigle, jusqu'alors invaincue, s'était abattue sur le

Kremlin, ce vaste monument de la puissance des autocrates moskovites.

Mais là venait de commencer aussi le deuil triomphal de notre valeureuse armée.

Un immense pays traversé par des soldats malades, cernés de toutes parts par un ennemi de plus en plus nombreux et se renouvelant sans cesse comme les sauterelles du désert, à travers des landes stériles, des steppes sauvages et des glaces éternelles, sans vêtements et sans pain, avaient été les préludes de nos malheurs.

A peine avions-nous revu de cette formidable armée une poignée de braves qui avaient été obligés de se retirer bien moins devant la bravoure de l'ennemi que devant l'excessive rigueur de la plus âpre nature, au milieu des glaciers du Nord.

Ainsi que les premiers accords d'une harmonie funèbre, j'entends encore craquer et s'écrouler sous l'incendie qui les dévore les voûtes du Kremlin. A ces lugubres accents se mêle encore le bruit de la mitraille.

Waterloo! Waterloo! il tonne encore

dans tes campagnes le canon qui vomit la mort!

Entre Charleroi, Bruxelles, Namur, Ligny, et cette ville de Fleurus dont le nom rappelle encore une victoire glorieuse pour nos armes, s'élève la petite ville de Waterloo qui devait être le tombeau de notre gloire!

Ainsi que les Romains, ainsi que les trapistes, *j'arrive au banquet fraternel avec des paroles de deuil et de mort; j'apporte pour bouquet à mes frères des squelettes humains et des urnes cinéraires!*

C'est dans ces plaines que les armées combinées de l'Europe se sont donné rendez-vous, impatientes qu'elles sont de s'abattre sur le beau sol de notre France; elles accourent de tous les coins du globe.

Là, Wellington commande à cent quatre-vingt-six mille Anglais, Blücher y vient aussi à la tête de cent vingt mille Prussiens, et Bulow lui amène un secours de trente mille combattants.

Épuisée par vingt-cinq années de guerre et par sa désastreuse campagne de Russie,

qu'opposera la France à cette armée forte ainsi de trois cent trente-six mille coalisés ?

Elle n'a pour elle que cent vingt-trois mille hommes, mais celui-là les commande en personne qui a dit à ses soldats dans les sables brûlants d'Égypte : « Soldats, du haut des Pyramides quarante siècles vous contemplent ! » Que ne peut une poignée de braves commandée par un tel chef ! Oh ! s'ils sont vaincus, ils mourront comme les Spartiates au passage des Thermopyles, et l'histoire n'aura pas assez de trompettes pour dire à l'univers les traits d'une rare valeur qui signaleront cette lutte terrible, l'agonie de la France !

Cependant Napoléon, qui était encore dans Paris le 12 juin, vient d'arriver au camp : deux jours ne se sont pas écoulés depuis son départ, que déjà il est à la tête de ses braves. Une pluie battante avait mouillé la terre : aux premiers rayons du soleil il parcourt ses lignes, et leur rappelle qu'à pareil jour elles ont vaincu à Marengo, à Friedland.

Le soleil semble se préparer alors à éclai-

rer un nouveau triomphe ; radieux, il s'é-
lance dans l'espace et répand de tous côtés
des flots de lumière Napoléon a tout prévu,
il a tout préparé ; trois cent cinquante bouches à feu sont là, qui vont porter tout à
l'heure dans les rangs ennemis la terreur et
la mort.

Mais un bruit s'est répandu dans les
camps : trois traîtres (1) viennent de passer
à l'ennemi et lui ont porté le secret des pré-
paratifs du chef. Il ont, avec leur honneur,
déposé leurs glaives aux pieds de Blücher.
Semblable au bruit lointain des flots de l'O-
céan, la nouvelle s'en répand, les lignes de
nos braves retentissent de leurs noms, et,
guidée par l'Empereur, la main de l'histoire
impartiale les grave sur le bronze avec l'in-
famie qui doit être leur partage.

Le démon de la guerre s'est préparé aux
combats.... Qui dira l'indignation de l'Em-

____

(1) Voir leurs noms dans les *Mémoires de* 1815,
page 184.

pereur ! ! ! L'armée a retenti de l'anathème prononcé contre les traîtres, et si le bourreau n'a point souillé leur image, leurs noms n'en seront pas moins un objet d'horreur pour nos arrière-neveux.

Mais la trahison n'est point d'essence française, et la félonie de ce triumvirat n'a pas ralenti l'enthousiasme du soldat. Bientôt va retentir encore le bruit de la mitraille.

Waterloo ! Waterloo ! il va tonner dans tes campagnes le canon qui vomit la mort !

C'est là que l'Empereur appelle ses bataillons, et dans la plaine les deux camps ennemis s'élèvent au-devant l'un de l'autre.

Les vaillants enfants de la France, de la Prusse et de la fière Albion sont en présence. Déjà une nouvelle fois (le 15 juin) l'orient s'est embrasé des feux du jour, l'armée française se meut comme un seul homme, le canon gronde et la fumée s'élève de toutes parts; les régiments sont en ligne, les tirailleurs s'apprêtent, les balles sifflent, les boulets roulent et sillonnent au loin la plaine qu'ils déchirent en tous sens, et les vallées se couvrent de baïonnettes.

Enfants gâtés de la victoire, nos soldats s'élancent sur l'avant-garde ennemie, qui fuit en désordre sur Charleroi ; la cavalerie s'ébranle, vole; l'infanterie se jette à sa suite pour soutenir son impétueuse ardeur et opposer à l'ennemi une muraille vivante, impénétrable, tout hérissée de fer.

Enfin, la fortune s'est prononcée pour l'aigle impériale, et l'aigle de la Prusse a baissé ses deux têtes devant le général Pajol et ses braves soldats. Le dieu des combats s'est prononcé pour nos armes.

Napoléon a suivi le mouvement; son œil est calme tout à la fois et terrible, c'est le regard de l'aigle. Semblable à la colère céleste, il s'avance : malheur au téméraire qui affronte la tempête, il tombe comme un frêle roseau sous les fureurs des autans. Le noble coursier qui le porte frémit sous son vaillant cavalier, et l'entraîne au plus fort du combat. En vain l'ennemi résiste-t-il encore, ses bataillons sont bientôt enfoncés, et, bien avant

que le soleil ait parcouru la moitié de sa car-
rière , le héros est entré vainqueur aux murs
de Charleroi.

Cependant l'aurore a remplacé la nuit ,
et le canon tonne de nouveau dans la
plaine. Le village de Ligny, vaillamment
défendu , est pris quatre fois et repris par
une division du quatrième corps, que commande le brave général Gérard qui y trouve
une mort glorieuse. Là, se couvrent encore
de gloire Excelmans, Pajol, Grouchy, Ney;
là , parmi les Prussiens, tombe et meurt le
prince de Brunswick. L'ennemi est encore
une fois culbuté, huit drapeaux et quarante
bouches à feu lui sont enlevés dans cette
journée mémorable, où son armée perd encore plus de vingt-cinq mille combattants.

Mais hélas! deux jours après le sort devait trahir nos armes, la fortune allait abandonner nos étendards.

Oh! c'est maintenant que douloureuse-
ment il résonne à mon oreille le bruit de la
mitraille, c'est maintenant qu'il tonne le
canon de Waterloo , c'est maintenant que

*j'arrive au banquet fraternel avec des pa-
roles de deuil et de mort, et que j'apporte
pour bouquet à mes frères des squelettes
humains et des urnes cinéraires!.....*

Le bronze a vomi de nouveau la mitraille
brûlante; les rangs, éclaircis, se reforment,
se resserrent; un être vivant prend la place
de celui qui tombe, et lui-même le rejoint
bientôt dans la poussière.

Le cliquetis des armes, les cris des mou-
rants, les hennissements des chevaux, le
fracas des boulets, le bruit des fanfares guerrières, des clairons et des tambours, tout se
mêle; le sang ruisselle, tout tombe sous les
sabres, Français, Anglais et Prussiens. Quel
poète chantera dignement cette grande scène
de carnage et de bravoure, dans laquelle une
grande nation vient lutter ainsi pour la dernière fois après un quart de siècle de victoires! Qui redira l'enthousiasme et la vail-
lance du soldat, l'intrépidité et le sang-froid
des chefs!

Mais ne vois-je pas un officier prussien
tout couvert de blessures? Autour de lui

ne s'est-il point fait un rempart de cadavres ? Il combat encore , il combat à peine ,
épuisé par le sang qui coule de ses plaies ;
cependant son glaive s'est lassé de frapper,
ses bras se sont élevés sur sa tête, et, confiant
encore dans les ennemis qu'il vient de combattre, il appelle à son secours, en tombant,
les enfants de la veuve !

Oh! prodige de fraternité! Un officier en
brillant uniforme s'est élancé au-devant de
celui qui va mourir, et lui a fait un rempart
de son corps. C'est un Français ; terrible,
son regard se porte sur les Français qui l'en-
tourent ; il a l'épée en main, il a parlé :
Respect, s'est-il écrié, *au courage malheu-
reux ! qu'il tremble l'imprudent qui frap-
pera cet officier !* et les baïonnettes se sont
redressées, et nos soldats ne pensent plus à
venger leurs frères d'armes : il est sauvé !

Mais en vain celui qui vient ainsi au pé-
ril de sa vie de l'arracher à une mort cer-
taine, inévitable, s'éloigne-t-il ; en vain veut-
il laisser ignorer et son grade et son nom!

Enfant encore, j'ai joué avec cette épée

redoutable; enfant encore, je me suis pavané sous la riche broderie d'argent qui enlaçait son uniforme ; c'est un chef, c'est un commissaire des guerres ; en vain cachera-t-il son nom..... C'est mon père (1)..... Mais combien d'autres actions d'éclat resteront ensevelies dans un morne silence ! ! !

De tous côtés des gémissements et la mort!

Cependant, au milieu de ces scènes de désastres, impassible, Napoléon, d'un œil tranquille, suit les progrès du combat, interroge du regard la mêlée. Napoléon parcourt les rangs au milieu des boulets et de la mitraille ; partout où il y a du danger on le voit. Le général Devaux tombe mort à ses pieds.

A quatre heures, la victoire semble vouloir se décider encore une fois pour nos armes ; la terreur a saisi les Prussiens, ils fuient de tous côtés ; leurs bataillons en-

---

(1) Antoine Juge, commissaire des guerres ordonnateur, chevalier de la Légion-d'Honneur, né à Donzenac (Corrèze) le 31 mai 1763, chevalier rose-croix, membre des loges de la *Clémente-Amitié* et des *Neuf-Sœurs*, orient de Paris.

foncés quittent en désordre le champ de carnage ; la terreur est aussi dans l'armée de Wellington ; pêle - mêle , les charrois, les blessés, les bagages se jettent dans le bois de Gomont....

La cavalerie française s'élance à la poursuite des fuyards, et la chaussée de Bruxelles se couvre encore de cadavres.

C'est à ce moment que Bulow et ses trente mille Prussiens opèrent une terrible diversion. Où étais-tu alors, Grouchy? Quelle imprévoyance ou quel malheur t'a donc fait manquer aux ordres de ton chef ? Tu devrais être là ! Pourquoi es-tu donc encore à Gembloux?

La canonnade a recommencé ; honneur à toi, Lobau, car tu viens encore d'ajouter un laurier à ceux qu'a tressés pour toi la victoire!

D'Erlon, ce jour sera pour toi aussi un jour de gloire.

Brave Duchesne , sous tes ordres la jeune garde impériale y rivalise aussi avec les vieux grognards que commande Morand.

Milhaud, Desnouettes, l'armée n'oubliera

pas non plus les charges brillantes où vous guidiez les cuirassiers, les chasseurs et les lanciers de la garde.

Bertrand, toi qui depuis t'es montré l'ami du grand homme dans le malheur, ton nom sera aussi glorieusement inscrit parmi les noms des héros de cette fatale journée.

Ney, tu y perdis ton cheval, et tu n'en chargeas pas moins avec ta bravoure ordinaire à la tête de tes grenadiers.

Toi, brave général Friant, un instant on crut que tes efforts allaient être couronnés d'un brillant succès.

Et toi, Grouchy, veux-tu donc à force de valeur réparer le temps que tu as si malheureusement perdu ?

Cependant, la nuit allait étendre ses voiles sombres sur le champ du carnage, et cacher la honte des traîtres qui, avant cette grande journée, avaient quitté leurs drapeaux.

Volontiers nous les laisserons chercher dans l'ombre la consolation de leur chute ; mais hélas ! il ne nous est pas permis encore de quitter le champ de bataille.

Oh ! c'est maintenant que je n'ai plus que des chants funèbres, que des paroles de deuil et de mort ; c'est maintenant que je ne vois plus autour de moi que des débris humains et des urnes cinéraires.

Il fait nuit, et du sein des ténèbres s'élève encore la voix d'un traître. Un cri funeste a retenti de toutes parts, n'entends-je pas d'ici le cri du hibou ? N'ai-je pas vu tout-à-l'heure s'abattre sur la forêt l'oiseau de sinistre augure. Un mot, qui n'a jamais été français, s'élève comme du sein de la tombe ; il se cache celui qui le prononce, et la nuit a célé la rougeur qui a dû lui monter au front.

Un long *sauve qui peut* a retenti dans la plaine ; à ce cri de détresse, le soldat s'est ému, l'épouvante s'est partout jetée. L'ennemi est revenu au combat ; la déroute est complète ; quelques généraux, et l'Empereur, ont à peine le temps de se jeter dans le carré de la garde impériale ; Cambronne tombe sous la mitraille, et la mitraille et la mort se font encore jour dans les rangs éclaircis. Cambronne, ton nom vivra glorieusement

dans nos annales guerrières ; le père te don-
nera comme exemple à son fils, car dans ce
jour de désastres tu demeuras fidèle à l'honneur. Nos soldats ont vu tes généreux efforts,
et nos arrière-neveux , quand , comme toi ,
ils marcheront au combat, comme tu le fis
alors, Cambronne, ils s'écrieront : *la garde
meurt et ne se rend pas !...*

Tu fus la dernière victime de cette journée de deuil, où la France perdit tant de
valeureux soldats.

Bientôt après, la nuit étendait ses sombres
linceuls sur la plaine, et l'obscurité ne per-
mettait plus de combattre.

J'étais bien jeune, hélas! et bien enfant
encore, quand, dans nos longues soirées
d'hiver, mon père me contait les hauts faits
de cette triste journée ; j'étais bien jeune ,
et cependant j'aurais voulu courir aux armes
pour venger ma patrie, et mon âme s'exaltait
au récit de tant d'exploits, de tant de glo-
rieux souvenirs. Je vivrais un siècle, qu'un
siècle ils seraient présents à ma mémoire ces
derniers jours d'agonie de la France.

Près d'un quart de siècle s'est écoulé depuis, et ces souvenirs font encore bondir mon cœur comme aux premiers jours de mon adolescence. Depuis, j'ai vu le Russe bivouaquer sur nos places publiques ; le Kalmouck et le Baskir ont foulé le seuil de nos palais, et, malgré nos malheurs, vaincu de Waterloo, ta gloire n'a point été éclipsée, elle demeurera jusqu'à la fin des temps. Tu as arraché ta patrie aux horreurs de la guerre civile, à l'affreux règne de la terreur ; tu as élevé sa gloire militaire bien au-delà de ce que nous a jamais présenté l'histoire des peuples, soit anciens, soit modernes ; tu l'as placée au premier rang des nations, tu l'as faite grande, majestueuse, tu l'as couverte des lauriers de la victoire et des palmes du génie, un seul jour ne pouvait la faire déchoir du haut rang où tu l'avais placée.

Gloire à toi ! ! ! Mais, hélas ! aux noirs rochers de Sainte-Hélène, dans la colonie la plus malsaine de l'Angleterre, s'élève, à deux mille pieds au-dessus du niveau de la mer, un plateau stérile ; la nature y est morte et l'aspect en est sauvage ; c'est là que fut la dernière habitation de celui qui , naguère , distribuait des sceptres et des couronnes ; c'est dans ces lieux escarpés, où l'aigle seul peut l'aller visiter, que , cachée aux yeux de tous, repose sa cendre : une pierre, un faible entourage, un saule aux tristes rameaux , c'est là tout ce qui , dans cette île sauvage, rappelle le héros qui fit trembler l'univers. Que reste-t-il de lui ? Un seul grain de poussière !

L'Anglais t'a redouté alors même que tu venais de tomber ; il n'a pas su être loyal et grand avec toi , et son hospitalité sur *le Bellérophon* a été pour toi le signal d'une prison éternelle. Vivant, s'il s'est couvert de honte à ton égard , mort, il t'a proclamé le héros du siècle ; ainsi va le monde , ainsi les nations qui n'obéissent qu'à leur seul intérêt.

L'Europe n'a pas oublié ta valeur, ta rare prudence , ni ce regard de l'aigle qui fixait la victoire ; elle leur rend hommage.

Déjà j'ai vu ta statue replacée sur le bronze

arraché par la victoire à tes ennemis vaincus, et bientôt viendra, je l'espère, le jour
où tes cendres, rendues à la France, repose-
ront sous la colonne qui rappelle à nos cœurs
les beaux jours de ta gloire.

Mais, sur ce bronze funèbre, en vain le
voyageur cherchera-t-il le nom des trois offi-
ciers qui ont trahi la France! Leurs noms se
sont effacés de nos souvenirs, ils ne doivent
point salir le burin de l'histoire, ou si par-
fois ils retentissent encore parmi nous, un
cri d'anathème s'y mêle et les flétrit.

*Tel est le sort qui menace la mémoire
du parjure, tel est le sort de l'homme qui
ose abandonner ses drapeaux pour les
drapeaux ennemis, et lever contre sa
patrie le glaive qu'il a reçu pour la dé-
fendre !!!....*

L.-Th. Juge.

(Extrait du *Globe*, *archives générales des
sociétés secrètes non politiques.*)

9 782011 784735